Gemak

Inhoud

Gemak

De tijd dat er ten minste dertig minuten nodig waren om de dagelijkse maaltijd te bereiden ligt achter ons. Drukke werkzaamheden gecombineerd met een gezin, een sportieve avondinvulling en tijdrovende hobby's vragen om een snelle maaltijd. Dankzij de komst van voorgesneden groenten, snel te bereiden vleessoorten, voorgekookte rijst en pasta, aardappelschijfjes, kruidenmixen en sauzen kunnen we aanzienlijk sneller koken.

Zonder concessies te doen aan smaak en genieten levert **Kook ook Gemak** tal van snelle gerechten. Verse producten vormen de basis voor een gezonde maaltijd voor 4 personen.
Kook ook Gemak bevat 6 hoofdstukken. 'Geen tijd' biedt recepten die in maximaal 10 minuten op tafel staan. Recepten uit het hoofdstuk 'Voedzaam' stillen een lekkere trek na een stevige inspanning.
De lichte maaltijden uit 'Licht' zijn snel en gezond en prima geschikt vóór het sporten of als je op de calorieën wilt letten. Geen tijd om boodschappen te doen? Met een gevulde voorraad hoeft dit geen probleem te zijn. Het hoofdstuk 'Gemakkelijk uit voorraad' doet je ideeën aan de hand. Dat genieten ook gemakkelijk en in korte tijd kan, zie je in de hoofdstukken 'Gemak en genieten' en 'Toetjes'.

Gemak = Een goed gevulde voorraad:

Pasta, rijst, pannenkoekmeel, kant-en-klare pannenkoeken, tortilla's, voorgebakken brood (stokbrood, ciabatta, naans, pappadums), diepvriesaardappeltjes, patat en rösti

Hamblokjes, spekreepjes, eieren, blikjes tonijn en zalm, witte, bruine en kidneybonen in pot, geraspte kaas, fetablokjes

Diverse diepvriesgroenten (wokmixen, spinazie, broccoli, sperziebonen), blikjes maïs, doperwten, worteltjes, fruit uit blik

Tomatenpuree, tomatensauzen, Indiase curry's, pindasaus, woksauzen, houdbare slagroom en dressings voor op salades

Smaakmakers als olijven, rozijnen, zoetzure uitjes en augurken, noten

Eet gemakkelijk!

Geen tijd

Roergebakken spinazie met varkensvlees en garnalen

bereiding: 10 min

3 el zonnebloemolie
400 g hamlappen, in kleine blokjes
1 tl trassi
100 g prei, panklaar
800 g spinazie, panklaar
3 teentjes knoflook
3 el ketjap manis
50 g gepelde (Hollandse) garnalen
zout
gekookte rijst of mie

- Verhit de olie in een wok en roerbak de hamblokjes in 1 minuut rondom bruin.
- Voeg de trassi en de prei toe en roerbak nog 1 minuut. Schep dan de spinazie, de uitgeperste teentjes knoflook en de ketjap erdoor en roerbak 2 minuten.
- Roer de garnalen erdoor en breng het gerecht zo nodig op smaak met zout.
- Serveer met rijst of mie.

Zoetzure tilapiareepjes met paprika

bereiding: 10 min

2 el zonnebloemolie
500 g tilapia- of pangafilet, in reepjes
1 klein blikje tomatenpuree
450 g wokgroenten met paprika
2 el citroensap
2 el zoete chilisaus
zout en (versgemalen) peper
gekookte rijst of mihoen

- Verhit de olie in een wok of hapjespan en roerbak de reepjes vis 1 minuut samen met de tomatenpuree.

- Voeg de wokgroenten, het citroensap en de chilisaus toe en roerbak alles circa 4 minuten tot de vis gaar is. Breng op smaak met zout en versgemalen peper.

- Serveer met gekookte rijst of mihoen.

Spaghetti met pesto

bereiding: 10 min

500 g verse spaghetti
150 g basilicumblaadjes
2 teentjes knoflook
100 g pijnpitten
125 ml milde extra vierge olijfolie
100 g geraspte Parmezaanse kaas + extra om te garneren
zout en (versgemalen) peper
200 g gemengde sla met een dressing naar keuze

- Kook de pasta beetgaar volgens de aanwijzingen op de verpakking.

- Hak het basilicum, de knoflook en de pijnpitten grof in een keukenmachine.
Voeg terwijl de machine draait beetje bij beetje de olie toe. Doe dan de kaas erbij en laat het mes nog heel even draaien. Breng de pesto op smaak met zout en peper.

- Giet de pasta af en schep de pesto er direct door. Garneer met de Parmezaanse kaas.

- Serveer de spaghetti met de salade.

Gevulde noedelsoep

bereiding: 10 min

- 3 lente-uitjes
- 100 g verse spinazie
- 4 zakjes Chinese noedelsoep
- 100 g gesneden champignons
- 125 g hamreepjes

- Breng in een pan 1 1/2 liter water aan de kook.
- Snijd de lente-uitjes in fijne ringen en maak de spinazie schoon.
- Voeg als het water kookt de noedelsoep met bijbehorende olie en kruiden, de groenten en de hamreepjes toe en draai het vuur uit. Roer goed door en laat de soep 3 minuten staan.
- Serveer in soepkommen.

Tip: zakjes noedelsoep bestaan uit mie, een zakje met pittige olie en een zakje kruiden. Over het algemeen is de soep behoorlijk pittig. Voeg eerst een deel van de kruiden toe.

Gehaktballetjes met pittige mangosaus

bereiding: 10 min

4 el roerbakolie
500 g Zweedse gehakt-balletjes of balletjes voor in de soep
1 blik mango
1 ui, gesnipperd
2 teentjes knoflook, fijngehakt
1 kleine rode peper in reepjes
200 ml kokosmelk
zout en (versgemalen) peper
3 bosuitjes in stukken van 3 cm
2 el verse koriander
gekookte rijst
komkommersalade

- Verhit 2 eetlepels olie in een koekenpan en bak de gehaktballetjes in 5 tot 8 minuten gaar, afhankelijk van de grootte van de balletjes.

- Pureer twee derde van de mango en snijd de rest in stukjes.

- Verhit de rest van de olie in een koekenpan en fruit de ui, knoflook en peper 2 minuten op matig vuur. Voeg dan de mangopuree en de kokosmelk toe en verwarm de saus nog 2 minuten. Breng op smaak met zout en peper

- Neem de gehaktballetjes uit de pan en bak de bosui en stukjes mango 1 minuut in het achtergebleven bakvet.

- Serveer de gehaktballetjes met de gebakken mango, de mango-kokossaus en de rijst en geef er een komkommersalade bij.

Tofu masala

bereiding: 10 min

2 el zonnebloemolie
2 pakjes tofu, fijn gekruid
1 ui, fijngesneden
4-6 el Patak's tikka masala
2 teentjes knoflook
1 dl Griekse yoghurt
2 el munt, gesnipperd
zout en (versgemalen) peper
naanbrood
roergebakken spinazie

• Verhit de olie in een koekenpan met anti-aanbaklaag en bak de stukjes tofu en de uisnippers in circa 3 minuten bruin; schep af en toe om. Meng er de tikka masala door en bak nog 1 minuut.

• Pers de gepelde knoflookteentjes uit boven de yoghurt en roer er de munt en circa 1 theelepel zout door. Roer het yoghurtmengsel door de tofu. Laat het gerecht zachtjes door en door warm worden (maar niet koken).
Voeg eventueel wat water toe als de saus te dik wordt. Breng op smaak met zout en peper.

• Serveer met naanbrood en roergebakken spinazie.

Runderbouillon met Italiaanse groenten

bereiding: 10 min

1 pot runderbouillon met vlees (350 ml)
1 runderbouillontablet
250 g Italiaanse wokgroenten
3 zongedroogde tomaten in olie, uitgelekt
zout en (versgemalen) peper
1 zakje knoflookcroutons

- Breng de bouillon in een soeppan aan de kook met $1/2$ liter water en het bouillontablet. Voeg de wokgroenten toe en kook ze in 3 minuten beetgaar.

- Snijd de tomaten in fijne reepjes en warm ze 1 minuut in de soep mee. Breng op smaak met zout en peper.

- Schep de soep in 4 kommen en strooi de croutons erover of geef ze er apart bij.

Ravioli met zongedroogde tomaatjes en champignons

bereiding: 10 min

500 g verse ravioli met kaasvulling
4 zongedroogde tomaatjes op olie
125 g magere spekreepjes
250 g champignons in plakjes
1 el verse peterselie, fijngesneden
50 g geraspte jong belegen kaas
150 gram jonge bladsla met een dressing naar keuze

- Kook de ravioli volgens de aanwijzingen op de verpakking.

- Snijd de tomaatjes in kleine stukjes.

- Roerbak de spekreepjes 2 minuten in een wok. Voeg dan de champignons en de tomaatjes toe en roerbak nog 2 minuten.
Doe er 2 eetlepels van de tomatenolie bij.

- Schep de ravioli door het spekmengsel en verwarm het geheel nog 1 minuut.

- Verdeel de ravioli over 4 borden en garneer met de peterselie en de kaas. Geef er de salade bij.

Kruidige kipreepjes met ananas en groenten

bereiding: 10 min

- 2 el zonnebloemolie
- 1 tl gemberpoeder
- 450 g kipfilet in reepjes
- 250 g Italiaanse roerbakgroenten
- 100 g champignons, in plakjes
- 2 teentjes knoflook
- 1 klein blikje ananasstukjes
- 100 g taugé
- 1 el ketjap manis
- 1/4 liter slagroom
- zout en (versgemalen) peper
- gekookte rijst

● Verhit de olie in de wok en voeg de gemberpoeder toe. Bak op laag vuur tot de gember begint te geuren. Doe er dan de kipreepjes bij en bak deze op hoog vuur rondom bruin in circa 2 minuten. Voeg de roerbakgroenten, de champignons en de uitgeknepen teentjes knoflook toe en bak 3 minuten.

● Schep ten slotte de ananas, de taugé, de ketjap en de room door het kipmengsel en warm nog 3 minuten door. Breng op smaak met zout en peper.

● Serveer de kipreepjes met rijst.

Pikante noedelsalade met cashewnoten

bereiding: 10 min

100 g transparante mie (glasnoedels)
zout en (versgemalen) peper
1 rode Spaanse peper
2 el zonnebloemolie
2 tl sesamolie
2 el limoensap
2 el Thaise vissaus
250 g paprikarauwkost
75 g ongezouten cashewnoten
150 g Noorse garnalen (gekookt en gepeld)
3 el grof gehakte koriander

- Bereid de mie volgens de aanwijzingen op de verpakking in water met zout. Giet de mie af en spoel met koud water. Laat goed uitlekken.

- Snijd de Spaanse peper overlangs doormidden, verwijder de zaadjes en snijd het vruchtvlees in dunne reepjes.

- Klop een dressing van de beide soorten olie, het limoensap, de vissaus, en zout en peper.

- Schep de rauwkost, Spaanse peper, cashewnoten, garnalen, dressing en koriander door de mie en serveer de salade direct.

Pitabroodjes met kip en tzatziki

bereiding: 10 min

2 el zonnebloemolie
2 el citroensap
1/2 el vloeibare honing
2 teentjes knoflook, uitgeperst
3 tl milde chilipoeder
zout en (versgemalen) peper
350 g kipfilet in reepjes
4 pitabroodjes
1 bakje kant-en-klare tzatziki

- Roer de olie met het citroensap, de honing, de knoflook, de chilipoeder en zout en peper naar smaak door elkaar. Schep er de kipreepjes door.

- Verwarm de pitabroodjes in een broodrooster.

- Verhit intussen een droge koekenpan met antiaanbaklaag en roerbak de reepjes kip met de marinade goudbruin en gaar in circa 5 minuten.

- Snijd de broodjes open en schep de kipvulling erin. Lepel de tzatziki over de vulling. Serveer direct.

Maaltijdsalade van rijst en gerookte kipfilet

bereiding: 10 min

150 g gerookte kipfilet
400 g meloen
1 klein blikje maïskorrels (uitlekgewicht 140 g)
600 g gekookte rijst
2 el volle yoghurt
2 el gembersiroop
zout en (versgemalen) peper

- Snijd de kipfilet en de meloen in kleine stukjes. Laat de maïs uitlekken.

- Meng in een grote kom de rijst met de kip, meloen en maïs.

- Meng de yoghurt met de gembersiroop en voeg naar smaak zout en peper toe. Schep de dressing door de salade en serveer in kommen.

Groene tagliatelle met romige saus

bereiding: 10 min

500 g groene tagliatelle, koelvers
1/4 liter slagroom
300 g broccoli, in kleine roosjes
200 g hamreepjes
zout en (versgemalen) peper
100 g geraspte jong belegen kaas
tomatensalade

- Kook de tagliatelle beetgaar volgens de aanwijzingen op de verpakking.

- Doe de slagroom in een pan en voeg de broccoli toe. Breng aan de kook en laat de broccoli in 4 minuten gaar worden; pureer dan met een staafmixer. Voeg de hamreepjes toe en verhit de saus nog 1 minuut.
Voeg naar smaak zout en peper toe.

- Verdeel de tagliatelle over de borden, schep er de saus over, bestrooi met de kaas en geef er de tomatensalade bij.

Japanse biefreepjes met wasabi-rauwkost

bereiding: 10 min

2 el olie
500 g biefstuk, in reepjes
1 flesje woksaus teriyaki
zout en (versgemalen) peper
3 el slasaus of yoghurt
1/2-1 tl wasabi
gekookte rijst of mie
400 g gemengde rauwkost

- Verhit de olie in een koekenpan en roerbak de biefstukreepjes 1 minuut op hoog vuur. Doe de woksaus erbij en verhit nog 2 minuten. Voeg naar smaak zout en peper toe.

- Meng de slasaus door de wasabi.

- Schep de biefstukreepjes op de rijst of mie en serveer er de rauwkost met de wasabidressing bij.

Voedzaam

Salade van zoute haring met bietjes en zure room

bereiding: 15 min

600 g gekookte aardappelen
1 bakje geraspte biet (400 g)
4 zoute haringen
125 ml zure room
3 el mayonaise
zout en (versgemalen) peper
1 kleine ui, gesnipperd
2 hardgekookte eieren, gepeld en fijngesneden
1 el dille, fijngesneden

- Rasp de aardappelen grof. Laat de bietjes in een zeef uitlekken en bewaar het sap. Snijd het staartstuk uit de haringen en snijd de vis in reepjes van circa 1/2 cm.

- Meng in een kommetje de zure room met de mayonaise en een eetlepel van het bietensap. Breng de dressing op smaak met zout en peper.

- Spreid de aardappel uit over de borden en schep er de ui, het ei en de bietjes op. Leg daarop de haringreepjes en lepel er de dressing over. Bestrooi tot slot met een beetje dille.

Lekker met geroosterd brood.

Chateaubriand met limoncello-korianderboter

bereiding: 15 min

600 g panklare sperziebonen
zout en (versgemalen) peper
2 el olijfolie
700 g minikrieltjes
140 g boter
1 el limoncello (Italiaanse citroenlikeur)
1/2-1 el koriander, fijngesneden
2 chateaubriands à 300 g

- Kook de sperziebonen in water met zout in 8 minuten beetgaar.

- Verhit de olie in een koekenpan en bak de krieltjes goudbruin. Bestrooi ze met zout.

- Meng 100 gram boter met de limoncello en koriander. Voeg naar smaak zout en peper toe. Zet de boter tot gebruik in de koelkast.

- Verhit de rest van de boter in een koekenpan. Zet het vuur halfhoog en bak de chateaubriands rondom bruin.
Bak dan nog 2-3 minuten per kant tot het vlees rosé is. Bestrooi het met zout en peper.

- Maak vier mooie bolletjes van de boter en leg deze op het vlees. Serveer met de gebakken krieltjes en sperziebonen

Indiase linzensoep

bereiding: 15 min

4 naanbroodjes
2 el olie
2 tenen knoflook, fijngehakt
1 à 2 el milde Indiase currypasta
2 geschilde aardappelen, in blokjes
125 g gerookte spekreepjes
1 liter groentebouillon
250 g Italiaanse roerbakgroenten
1 blik linzen (uitlekgewicht 400 g)
3 el verse koriander, grof gehakt
zout en (versgemalen) peper

- Bak het naanbrood af in de oven volgens de aanwijzingen op de verpakking.

- Verhit de olie in een soeppan en fruit de knoflook zachtjes met de currypasta. Voeg de aardappelblokjes en de spekjes toe en bak ze even mee. Schenk dan de bouillon erbij en breng het geheel aan de kook.

- Voeg de groenten en de linzen toe en kook de soep tot de groenten beetgaar zijn. Roer vlak voor serveren de koriander door de soep en voeg naar smaak zout en peper toe.

- Serveer de soep met naanbrood.

Boerensalade met aardappel en rundvlees

bereiding: 15 min

700 g aardappelen, in blokjes
zout en (versgemalen) peper
300 g runderreepjes
(versgeraspte) nootmuskaat
6 el olijfolie
2 el balsamicoazijn
1 el Zaanse mosterd
6 zoetzure augurken, in plakjes
150 g veldslamelange
125 g kerstomaatjes

- Kook de aardappelblokjes in water met zout in 5 minuten beetgaar. Giet ze af en houd ze warm.

- Bestrooi de runderreepjes met zout, peper en nootmuskaat. Verhit 2 eetlepels olie in een wok en roerbak de reepjes op hoog vuur in 3 minuten bruin en gaar.

- Klop in een schaal de azijn met de rest van de olie en de mosterd tot een dressing. Schep de warme aardappel, runderreepjes en augurk door de dressing.

- Verdeel de slamelange over een schaal en schep er de lauwwarme aardappelsalade op. Verdeel er de tomaatjes over.

Lekker met grof volkorenbrood.

Andijviestamppot met champignons en komijnekaas

bereiding: 15 min

250 g champignons
2 el olie
200 g gerookte spekblokjes
800 g kant-en-klare aardappelpuree
600 g gesneden andijvie
warme melk
zout en (versgemalen) peper
nootmuskaat
150 g belegen komijnekaas, in kleine blokjes

- Borstel de champignons schoon en snijd ze in plakjes.

- Verhit 1 eetlepel olie in een koekenpan en bak het spek uit. Bak de champignons even mee.

- Verhit de rest van de olie in een wok. Voeg de aardappelpuree, andijvie, champignons en spekjes toe en roerbak tot het geheel goed heet is. Voeg eventueel wat melk toe om de stamppot smeuïg te maken en breng op smaak met zout, peper en nootmuskaat.

- Schep de kaas door de stamppot en serveer direct.

Penne carbonara met kipfilet

bereiding: 15 min

500 g penne
zout en (versgemalen) peper
1 el vloeibare margarine
350 g kipfilet
in kleine blokjes
1 potje (koelverse) pastasaus
carbonara (± 400 ml)
50 g geraspte pecorino
(harde schapenkaas)
2 el vers basilicum,
fijngesneden
200 g gemengde sla met een
dressing naar keuze

- Kook de pasta beetgaar in water met zout volgens de aanwijzingen op de verpakking.

- Verhit de margarine in een koekenpan en bak de kipfilet rondom bruin en gaar. Voeg de pastasaus en de pecorino toe en verhit nog 1 minuut. Breng de saus op smaak met zout en peper.

- Serveer de penne met de saus, strooi er het basilicum over en geef er de salade bij.

Pindasoep met ananastosti

bereiding: 15 min

2 el olie
250 g Chinese roerbakgroenten
1/2-1 el sambal
1 pot bouillon met kip
1 kippenbouillontablet
6-8 el pindakaas met nootjes
1 dl kokosmelk
zout en (versgemalen peper)
4 sneetjes witbrood
1 el boter
100 g MonChou
4 ringen ananas

- Verhit de olie in een kookpan en roerbak de groenten met de sambal 2 minuten. Giet er de bouillon zonder de kip en 400 milliliter water bij. Breng het aan de kook, doe het bouillontablet erbij en laat de soep 10 minuten zachtjes koken.

- Meng dan de pindakaas en de kip door de soep en pureer hem met een staafmixer. Giet de kokosmelk erbij en voeg naar smaak zout en peper toe.

- Besmeer het brood aan één kant dun met boter en aan de andere kant dun met MonChou. Leg op de MonChou-kant van twee sneetjes de ananas en bedek de boterhammen met de twee andere sneetjes (boter aan de buitenkant). Bak de tosti's in een tosti-ijzer of koekenpan goudbruin. Snijd ze diagonaal doormidden.

- Serveer de soep met de tosti's.

Roergebakken tuinbonenschotel

bereiding: 15 min

1 el olijfolie
125 g gerookt spek in reepjes
1 grote zoete ui, in stukjes
1 rode paprika, in stukjes
600 g diepvriestuinbonen
1 dl groentebouillon (van blokje)
500 g aardappelpuree

- Verhit de olie in een wok. Voeg de spekreepjes toe en bak deze op hoog vuur krokant uit. Neem de spekjes uit de wok.

- Bak in het achtergebleven vet de ui en paprika op matig vuur, tot de ui glazig is. Doe de tuinbonen en de bouillon erbij en laat 6 minuten sudderen tot de bonen gaar zijn. Schep de spekreepjes erdoor en verwarm nog 1 minuut.

- Serveer de tuinbonenschotel met de aardappelpuree.

Maaltijdsalade met camembert

bereiding: 15 min

150 g sugarsnaps
zout
1/2 courgette
200 g camembert
150 g jonge bladsla
honing-mosterddressing
50 g walnoten
50 g croutons
volkoren stokbrood

- Kook de sugarsnaps in water met zout in 3 minuten beetgaar. Giet ze af en spoel ze met koud water. Laat goed uitlekken.

- Snijd de courgette in stukjes en de camembert in reepjes.

- Verdeel de sla over de borden. Leg er de sugarsnaps, courgette en camembert op en giet er wat dressing over. Bestrooi met de walnoten en de croutons.

- Serveer de salade met het stokbrood.

Krieltjespannetje

bereiding: 15 min

120 g gerookt spek in blokjes
700 g krieltjes
1 tl tijm
600 g panklare broccoli
zout en (versgemalen) peper
2 eieren
4 el slagroom

- Bak de spekblokjes 3 minuten in een koekenpan. Voeg de krieltjes en de tijm toe en bak nog 10 minuten, waarvan de eerste 5 minuten met een deksel op de pan.

- Kook intussen de broccoli in water met zout in 5 minuten beetgaar.

- Klop de eieren los met de slagroom en voeg naar smaak zout en peper toe. Giet het bij de krieltjes en laat het mengsel op matig vuur stollen.

- Serveer de krieltjes met de broccoli.

Licht

Oosterse kipsalade

bereiding: 10 min

250 g noedels of mihoen
1 krop Romeinse sla
of ijsbergsla
1 gerookte kipfilet
3 el mayonaise
3 tl sesamolie
zout en (versgemalen) peper
2 el gehakte cashewnoten

- Bereid de noedels volgens de aanwijzingen op de verpakking. Giet ze af en spoel ze met koud water. Laat goed uitlekken.

- Snijd de sla en de kipfilet in reepjes.

- Meng de mayonaise met de sesamolie en breng het sausje op smaak met zout en peper.

- Meng de sla, kipfilet en saus door de noedels en serveer direct. Bestrooi de salade met cashewnoten.

Kruidige omelet met tomaat en champignons

bereiding: 15 min

2 el olijfolie
1 ui, fijngesneden
150 g champignons, gesneden
1 doosje kerstomaatjes
1 el fijngesneden verse Italiaanse kruiden
8 eieren
100 g geraspte jong belegen kaas
zout en peper
30 g boter
1 bakje komkommersalade

- Verhit de olijfolie in een koekenpan en fruit de ui. Voeg de champignons toe en roerbak ze 1 minuut op hoog vuur. Voeg de kerstomaatjes en de Italiaanse kruiden toe en laat het geheel nog 2 minuten bakken.

- Klop de eieren los in een kom. Roer het tomatenmengsel en de kaas erdoor en voeg zout en peper naar smaak toe.

- Smelt de helft van de boter in een koekenpan met antiaanbaklaag. Schenk de helft van het eimengsel in de pan. Bak de omelet op laag vuur tot de onderkant goudbruin is. Keer de omelet en bak de andere kant ook goudbruin. Bak de tweede omelet op dezelfde manier.

- Snijd de omeletten in 8 punten en verdeel die over de borden. Serveer met de komkommersalade en witbrood.

Spaghetti met knoflook en rode peper

bereiding: 10 min

500 g (koelverse) spaghetti
6 el olijfolie
1 rode Spaanse peper, zaden verwijderd, in reepjes
4 tenen knoflook, in dunne plakjes
4 el bladpeterselie
1 doosje kerstomaatjes
zout en (versgemalen) peper
1 bakje Italiaanse rauwkost met mozzarella

- Kook de spaghetti beetgaar volgens de aanwijzingen op de verpakking.

- Verhit de olie op middelhoog vuur en fruit de Spaanse peper en de knoflook mooi goudgeel. Voeg de peterselie en de tomaten aan de olie toe en bak 1-2 minuten tot het vel van de tomaten barst.

- Giet de pasta af en meng hem meteen door het tomatenmengsel. Warm het geheel nog 1 minuut door. Breng op smaak met zout en peper.

- Serveer de spaghetti met de rauwkost.

Tortilla's met rookvlees en avocado

bereiding: 10 min

1 limoen
4 rijpe trostomaten, in blokjes
1 bosuitje in ringetjes
2 el koriander, fijngesneden
1 tl gedroogde oregano
zout
gedroogde chilipeper uit een molentje
1 avocado
1 el zonnebloemolie
150 g runderrookvlees
4 wraptortilla's

- Boen de limoen schoon, rasp de groene schil eraf en pers hem uit.

- Meng tomaat, limoenrasp, 1 eetlepel limoensap, bosui, koriander en oregano in een kom. Breng de salsa op smaak met zout en chilipeper.

- Schil de avocado, verwijder de pit en snijd het vruchtvlees in de lengte in dunne plakken.

- Bestrijk een grillpan met de olie en bak de plakjes vlees knapperig; keer ze af en toe. Bak de tortilla's in een droge koekenpan aan weerszijden knapperig.

- Leg de tortilla's op vier borden. Verdeel het vlees en de avocado over de ene helft en de salsa over de andere helft.

Salade van Hollandse groenten en gepocheerde schol

bereiding: 15 min

300 g fijngesneden witte kool
zout en (versgemalen) peper
1 stengel bleekselderij, in boogjes
10 radijsjes, in reepjes
150 g wortelreepjes
4 el wittewijnazijn
1 tl mosterd
2 el zonnebloemolie
1 liter visbouillon (van een blokje)
4 scholfilets

- Doe de witte kool in een kom, voeg 1 theelepel zout toe en kneed de kool even met de handen. Voeg dan de andere groenten toe.

- Maak een dressing van 1 eetlepel wijnazijn, mosterd en olie. Schep de dressing door de salade.

- Verhit de visbouillon met de rest van de wijnazijn in een wijde pan en breng het geheel tegen de kook aan. Leg de scholfilets in de bouillon en pocheer ze in circa 4 minuten gaar. Neem de vis met een schuimspaan uit de vloeistof en bestrooi naar smaak met zout en peper.

- Schep de salade op vier borden en leg de scholfilets erop.

Lekker met gekookte krieltjes.

Ratatouille met pangafilet

bereiding: 10 min

1 pakje tomato fritto (gekruide tomatensaus)
400 g panklare ratatouillegroenten
1 el Provençaalse kruiden
600 g pangafilet (diepvries) in blokjes van 3 cm
1 dl droge witte wijn
zout en (versgemalen) peper

- Schenk de tomato fritto in een pan, voeg de groenten en kruiden toe en leg er de pangafilet op. Doe het deksel op de pan en breng de saus aan de kook.

- Zet het vuur lager en laat het geheel 5 minuten stoven. Voeg 2 minuten voor het einde van de kooktijd de wijn toe. Breng op smaak met zout en peper.

Lekker met stokbrood met gezouten boter.

Roergebakken biefstuk met vruchten

bereiding: 10 min

- 1 blik mango
- 3 el olie
- 1 ui, gesnipperd
- 1 teen knoflook, fijngehakt
- 1/2–1 el sambal oelek
- 350 g biefstuk, in reepjes
- 2 dl kokosmelk
- sap en rasp van 1 limoen
- zout en (versgemalen) peper
- 1 el suiker
- 1 banaan, in plakjes
- 1 el geraspt kokos
- gekookte rijst
- 200 g gemengde sla met een dressing naar keuze

● Snijd de mango's in blokjes van circa 1 cm.

● Verhit de olie in een wok. Roerbak, als de olie heet genoeg is, de ui, de uitgeperste knoflook en de sambal circa 2 minuten, voeg dan het vlees toe en roerbak nog 2 minuten.

● Schep vervolgens mango, kokosmelk, limoensap en -rasp erdoor en verwarm het geheel nog circa 4 minuten.

● Breng op smaak met zout, peper en suiker, schep ten slotte de banaan erdoor en bestrooi met het geraspte kokos. Serveer met de rijst en de salade.

Taboulé met olijven en munt

bereiding: 15 min

200 g couscous
sap van 1 citroen
4 el olijfolie, extra vierge
3 bosuitjes, in dunne ringetjes
15 g platte peterselie, fijngehakt
15 g verse munt, fijngehakt
2 bakjes Griekse salade (mengsel van komkommer, feta, tomaat en olijf met dressing)
eventueel extra olijven
zout en (versgemalen) peper

- Bereid de couscous volgens de aanwijzingen op de verpakking. Laat 5 minuten afkoelen en roer de korrels dan los met een vork.

- Meng in een grote kom de couscous met citroensap, olie, bosuitjes, peterselie, munt, salade en eventueel extra olijven. Schep het geheel goed door en voeg naar smaak zout en peper toe.

Lekker met lamskoteletjes of gekruide kippen-drumsticks.

Varkensvlees uit de wok met broccoli en shiitakes

bereiding: 15 min

300 g shiitakes
2 el olie
2 teentjes knoflook, in dunne plakjes
350 g varkensreepjes
2 dl roerbaksaus, ketjap of teriyaki
250 g broccoliroosjes
1 klein blikje bamboescheuten, uitgelekt
1 tl sambal oelek
25 g geroosterd sesamzaad
gekookte rijst of mie

- Maak de shiitakes schoon met keukenpapier en snijd ze in repen.

- Verhit de olie in een wok en roerbak de knoflook met het varkensvlees 1 minuut op hoog vuur. Voeg de roerbaksaus, de broccoli, de bamboescheuten, de shiitakes en de sambal oelek toe en verwarm tot de broccoli beetgaar is.

- Strooi voor serveren het sesamzaad over het gerecht. Serveer met rijst of mie.

Rodekoolsalade met cranberrydressing

bereiding: 10 min

1 grote appel
50 g rauwe ham
500 g fijngesneden rodekool
4 el cranberrycompote
1 à 2 el (frambozen)azijn
2 el zonnebloemolie
2 el water
zout en (versgemalen) peper
6 sneetjes geroosterd volkorenbrood
150 g zachte walnotenkaas (Rambol)

- Schil de appel en snijd hem in stukjes. Snijd de ham in fijne reepjes. Meng de rodekool met de appel en de ham.

- Meng voor de dressing de cranberrycompote met de azijn en klop er de olie door. Verdun de dressing met het water en voeg zout en peper naar smaak toe.

- Besmeer vlak voor serveren het geroosterde brood met de zachte kaas en snijd in driehoekjes.

- Geef de kaasbroodjes bij de rodekoolsalade.

Gemakkelijk uit voorraad

Tagliatelle met asperges en ham

bereiding: 15 min

400 g tagliatelle
1 grote pot witte asperges (uitlekgewicht 280 g)
1 el vloeibare margarine
250 g hamreepjes
100 g verse roomkaas
zout en (versgemalen) peper
eventueel 1 el peterselie, fijngesneden

- Kook de tagliatelle volgens de aanwijzingen op de verpakking.

- Giet de asperges af, maar bewaar het vocht. Snijd de asperges in stukjes.

- Verhit de margarine in een wok of hapjespan en bak de hamreepjes 1 minuut. Voeg de roomkaas en 5 eetlepels aspergenat toe en roer tot een gladde saus ontstaat. Voeg naar smaak zout en peper toe. Schep de aspergestukjes door de saus en verhit nog 1 minuut.

- Giet de tagliatelle af en meng door de aspergesaus. Bestrooi eventueel met peterselie en serveer direct.

Tip: geen roomkaas in huis? Slagroom, crème fraîche of een roomsaus uit een pakje voldoet ook prima.

Snelle vissoep

bereiding: 15 min

2 el olijfolie
1 rode ui, gesnipperd
1 blik tomatenblokjes (400 g)
1 liter visbouillon
400 g kabeljauw of andere witvis (diepvries), in blokjes
200 g grote gepelde garnalen, ontdooid
4 el zoete chilisaus
zout en (versgemalen) peper
1 el verse koriander, fijngesneden

- Verhit de olie in een soeppan en fruit de ui 1 minuut. Voeg de tomatenblokjes met het vocht en de bouillon toe en breng het geheel aan de kook.

- Schep de vis en de garnalen in de bouillon en laat in 5 minuten gaar worden.

- Roer de chilisaus door de soep en voeg zout en peper naar smaak toe. Schep de soep in borden en strooi er de koriander over.

Lekker met geroosterd witbrood.

Tip: deze soep is ook heerlijk met een mengsel van zeevruchten (uit de diepvries). Doe er voor meer vulling nog wat (diepvries)doperwtjes door.

Broodsalade met rucola en knoflookdressing

bereiding: 15 min

2 el olijfolie
2 tenen knoflook, geperst
1 ciabatta
(groot; afbakbrood)
100 g chorizo (vleeswaar)
1 bakje kerstomaatjes
1 rode paprika
200 g fetablokjes
30 g rucola
1 flesje knoflookdressing

- Verhit de oven op 200 °C

- Meng de olie met de knoflook en bestrijk er het brood mee; bak dat af volgens de aanwijzingen op de verpakking.
Laat het afkoelen en snijd het in blokjes.

- Snijd de chorizoplakjes en de kerstomaatjes doormidden en de paprika in blokjes.

- Meng het brood met feta, chorizo, tomaatjes, paprika en rucola.

- Giet de knoflookdressing in een kommetje en geef die er apart bij.

Tip: voor deze salade zijn ingrediënten te gebruiken die je toevallig in de koelkast hebt. Bij het brood passen allerlei groenten, vleeswaren en kaas.

Groentecurry

bereiding: 15 min

3 el zonnebloemolie
1 grote ui, in ringen
3-5 el Indiase currypasta
750 g wokgroenten of grove soepgroenten (diepvries)
450 g voorgekookte aardappelblokjes
250 ml groentebouillon (van blokje)
zout en (versgemalen) peper
eventueel 2 el verse koriander, fijngesneden

- Verhit de zonnebloemolie in een grote pan en fruit de ui met de currypasta op laag vuur, circa 3 minuten.

- Zet het vuur hoger en voeg de groenten en aardappelblokjes toe. Roerbak dit 1 minuut.

- Giet dan de bouillon erbij en doe het deksel op de pan. Laat het geheel op laag vuur 6 minuten stoven, tot de aardappelblokjes gaar zijn. Voeg naar smaak zout en peper toe. Schep voor serveren de koriander door de curry.

Lekker met pappadums en volle yoghurt.

Tip: geen currypasta in huis? Bak een eetlepel kerriepoeder mee met de uien.

Roergebakken gehakt met doperwten en tomaat

bereiding: 15 min

2 el olie
1 ui, gesnipperd
2 teentjes knoflook, gesnipperd
1 tl gemberpoeder
400 g rundergehakt
1/2 tl cayennepeper
zout en (versgemalen) peper
1 blik tomatenblokjes (400 g)
250 g diepvriesdoperwten
1 el citroensap
1 el peterselie, fijngesneden

- Verhit de olie in een wok of braadpan en roerbak de ui circa 2 minuten. Voeg knoflook en gemberpoeder toe en roerbak nog 1 minuut. Doe dan het gehakt, de cayennepeper en zout en peper naar smaak erbij en roerbak het gehakt rul.

- Voeg de tomaten met het vocht, de (bevroren) doperwten en het citroensap toe. Breng het geheel aan de kook en laat het afgedekt zachtjes circa 10 minuten pruttelen. Bestrooi met de peterselie.

Lekker met rijst en spinazie (diepvries).

Tip: vervang de gemberpoeder en cayennepeper door 1/2 eetlepel Italiaanse kruiden voor een meer mediterrane smaak.

Pannenkoekrolletjes met rode zalm en veldsla

bereiding: 10 min

2 blikjes rode zalm
2 el ketchup
1 el volle yoghurt
of mayonaise
1 tl chilipoeder
zout en (versgemalen) peper
8 naturelpannenkoeken
(voorverpakt)
1 zakje veldsla

- Laat de zalm uitlekken en verwijder het vel en eventuele graten. Maak de vis fijn met een vork. Meng er ketchup, yoghurt en chilipoeder door en breng op smaak met zout en peper.

- Verwarm de pannenkoeken in de magnetron of koekenpan.

- Bestrijk de pannenkoeken met het zalmmengsel, leg er wat veldsla op en rol ze op. Serveer direct.

Tip: vervang de zalm door tonijn en de veldsla door gemengde rauwkost.

Hartige taart met ham en champignons

bereiding: 15 min + 30-40 min bakken

500 g champignons (uit een potje)
6 zongedroogde tomaten, in reepjes
250 g hamreepjes
1 el Italiaanse kruiden
zout en (versgemalen) peper
3 eieren
3 el melk
1 el vloeibare margarine
5 plakjes bladerdeeg, ontdooid
1 el paneermeel

- Verwarm de oven voor op 200 °C.

- Laat de champignons goed uitlekken en meng ze met de tomatenreepjes, hamreepjes, Italiaanse kruiden en zout en peper naar smaak.

- Klop de eieren los met de melk en schep dit door het champignonmengsel.

- Bestrijk een quichevorm met de margarine en bekleed deze met het bladerdeeg.
Prik met een vork gaatjes in de bodem en strooi er het paneermeel over. Verdeel het champignonmengsel erover.

- Bak de quiche in het midden van de oven in 30-40 minuten goudbruin en gaar.

Tip: strooi er nog wat geraspte kaas over.

Zuurkoolschotel met roerei en rösti

bereiding: 15 min

50 g chorizo
3 el olie
1 pak röstirondjes
(uit de diepvries)
1 pak (kruiden)zuurkool
2 eieren
2 el melk
zout en (versgemalen) peper

- Snijd de chorizo in stukjes.

- Verhit 2 eetlepels olie in een koekenpan en bak hierin de röstirondjes in 6-8 minuten goudbruin en gaar.

- Doe zuurkool in een pan en verhit deze op middelhoog vuur.

- Klop de eieren los met de melk en voeg zout en peper naar smaak toe. Verhit de rest van de olie in een ruime koekenpan, voeg het eimengsel toe en roer tot het ei gaar is.
Meng de warme zuurkool en chorizo erdoor en verhit nog 2 minuten.

- Serveer de zuurkool met de röstirondjes.

Tip: vervang de chorizo door gekookte ham.

Gevulde maïssoep

bereiding: 15 min

2 el olie
1 grote ui, gesnipperd
1 el kerriepoeder
1 groot blik maïs, uitgelekt
1 pot bouillon met kip
1 à 2 kippenbouillonblokjes
150 g gekookte rijst

- Verhit de olie in een soeppan en fruit hierin op laag vuur de ui met de kerriepoeder circa 3 minuten. Voeg de maïs toe en bak even mee.

- Giet de bouillon, zonder het vlees, in de pan en voeg 600 ml water en de bouillonblokjes toe. Breng de soep aan de kook. Voeg de rijst toe en laat 5 minuten koken.

- Pureer de soep met een staafmixer en roer er het kippenvlees door. Verwarm nog 1 minuut.

Tip: bak met de ui ook rode paprika mee.

Mihoen met zeevruchten

bereiding: 15 min

250 g mihoen
450 g peultjes (diepvries)
2 el olie
4 tenen knoflook, in plakjes
500 g zeevruchten (diepvries)
3 el vissaus
zout en (versgemalen) peper

- Bereid de mihoen volgens de aanwijzingen op de verpakking. Kook de peultjes beetgaar.

- Verhit de olie in een wok en roerbak daarin de knoflook 2 minuten op laag vuur.
Voeg dan de zeevruchten toe en bak tot ze gaar zijn. Meng de mihoen en de vissaus door de zeevruchten en bak tot het geheel goed heet is. Voeg naar smaak zout en peper toe.

- Serveer de mihoen met zeevruchten met de peultjes.

Tip: bak voor meer pit fijngesneden Spaanse peper mee.

Gemak en genieten

Romige mosselstoofpot

bereiding: 15 min

2 kilo mosselen
1 dl droge witte wijn
1 sjalot, in ringen
3 el crème fraîche
100 g koude boter
zout en (versgemalen) peper
250 g grote garnalen, gekookt met staart

- Spoel de mosselen onder stromend water; verwijder de kapotte schelpen.

- Doe de mosselen, wijn en sjalot in een grote pan. Leg het deksel erop en laat circa 5-6 minuten koken, tot alle schelpen open zijn. Schud de pan tussendoor twee keer om. Verwijder de schelpen die dicht zijn gebleven. Schep de mosselen met een schuimspaan uit de pan en haal de helft van de mosselen uit hun schelp.

- Kook het mosselvocht in tot de helft en roer er de crème fraîche door. Laat de saus nog wat inkoken en klop beetje bij beetje de boter erdoor. Breng de saus op smaak met zout en peper. Warm de garnalen 1 minuut mee.

- Schep de mosselen door de saus. Serveer de mosselstoofpot in grote kommen of diepe borden.

Lekker met een salade en frites of volkoren stokbrood.

Papardelle met zalm

bereiding: 10 min

400 g papardelle
of tagliatelle, koelvers
zout en versgemalen peper
2 dl slagroom
50 g jonge verse spinazie
1 bakje zalmreepjes (250 g)
1 zakje veldsla met een
dressing naar keuze

- Kook de pasta in water met zout beetgaar.

- Kook de room in een pannetje op laag vuur tot twee derde in. Giet de pasta af en schep de room, spinazie en zalm erdoor. Warm het geheel op laag vuur 2-3 minuten door.

- Bestrooi de pasta met versgemalen peper en serveer met de veldsla.

Wraps met kip en hoisinsaus

bereiding: 10 min

1 kleine komkommer
4 lente-uitjes
2 el zonnebloemolie
400 g kipfilet, in reepjes
zout en (versgemalen) peper
8 kleine bloemtortilla's
100 ml hoisinsaus (toko)
of zoete chilisaus

- Snijd de komkommer doormidden, verwijder de zaadlijsten met een theelepel en snijd de komkommer in lange dunne repen. Maak de lente-uitjes schoon en snijd het witte deel in dunne repen.

- Verhit de zonnebloemolie in een koekenpan en roerbak de reepjes kipfilet in 3 minuten goudbruin en gaar. Bestrooi het vlees met zout en peper.

- Warm de tortilla's even op in een koekenpan of magnetron.

- Zet de tortilla's op tafel en zet er kommetjes met kip, hoisin- of chilisaus, komkommer en lente-ui bij. Vul de tortilla's aan tafel en rol ze op.

Lekker met een tomatensalade.

Kalfsvlees in romige yoghurt-wijnsaus

bereiding: 15 min

400 g tagliatelle, koelvers
400 g peultjes
60 g boter
450 g magere malse kalfslapjes, in repen
1 kleine sjalot, gesnipperd
1 el bloem
2 1/2 dl droge witte wijn
2 1/2 dl boerenyoghurt
zout en (versgemalen) peper
1 el peterselie, fijngesneden

- Kook de tagliatelle volgens de aanwijzingen op de verpakking. Kook de peultjes in 4 minuten beetgaar.

- Verhit de boter, bak de reepjes vlees in 2-3 minuten net gaar en schep ze op een bord.

- Fruit de sjalot in het bakvet en strooi de bloem erover. Schenk de wijn erbij en kook de saus in tot een kwart. Zet het vuur laag, roer de yoghurt erdoor en breng de saus op smaak met zout en peper.

- Voeg het vlees aan de saus toe en warm alles goed door. Bestrooi het gerecht met de peterselie.

- Serveer het kalfsvlees met de tagliatelle en de peultjes.

Lamsmedaillon

bereiding: 15 min

400 g korenaarasperges
(kleine groene asperges)
zout en (versgemalen) peper
250 g gemengde
paddenstoelen
30 g boter
4 lamsmedaillons à 150 g
2 sjalotjes, gesnipperd
1 el verse dragon,
fijngesneden
verse aardappelpuree

- Kook de asperges in water met zout in circa 3 minuten beetgaar.

- Maak de paddenstoelen schoon en snijd ze in kleine stukjes.

- Verhit de boter in een koekenpan. Leg er de lamsmedaillons in en bak ze 2 minuten per kant. Het vlees moet rosé gebakken zijn. Bestrooi ze met zout en peper en houd ze warm.

- Doe de paddenstoelen met de sjalotjes in het achtergebleven bakvet en roerbak op hoog vuur 1 minuut. Breng op smaak met zout en peper. Roer de dragon erbij en verhit nog 1 minuut.

- Leg de lamsmedaillons op een bord en schep er wat van het paddenstoelenmengsel op. Serveer met de aardappelpuree, de asperges en de rest van het paddenstoelenmengsel.

Vis in basilicumsaus

bereiding: 15 min

600 g zeebaars- of kabeljauwfilet, in 4 gelijke stukken
1 el citroensap
zout en (versgemalen) peper
2 el pijnpitten
3 el groene pesto
125 ml crème fraîche
4 el basilicum, fijngesneden
gekookte pasta
tomatensalade

- Besprenkel de stukken vis met citroensap en bestrooi ze met zout en peper.

- Rooster de pijnpitten in een droge koekenpan goudbruin en laat ze op een bord afkoelen.

- Breng in dezelfde koekenpan de pesto met de crème fraîche al roerende aan de kook. Voeg zout en peper naar smaak toe. Roer de helft van het basilicum erdoor en leg de stukken vis erin. Laat de vis met een deksel op de pan zachtjes in 10 minuten garen.
Keer de stukjes halverwege de kooktijd.

- Strooi de rest van het basilicum en de pijnpitten over het gerecht. Serveer met de pasta en de tomatensalade.

Pittige kaasfondue

bereiding: 15 min

4 dl witte droge wijn
100 g MonChou
150 g blauwschimmelkaas (roquefort, gorgonzola, Danish Blue)
350 g geraspte jong belegen Goudse kaas
1 el maïzena
3 el jenever
versgemalen witte peper
stokbrood
geroosterd maïsbrood
witlofblaadjes
stukjes peer

- Verhit de wijn in de fonduepan tot hij tegen de kook aan is. Draai dan het vuur laag, voeg alle kaas toe en laat die al roerende smelten. Het mengsel mag niet koken.

- Roer de maïzena tot een papje met de jenever en schenk dit al roerende bij de gesmolten kaas. Breng de fondue op smaak met peper.

- Serveer de fondue met brood, witlof en peer.

Vietnamese salade met eend

bereiding: 20 min

- 300 g tamme-eendenborstfilet
- 300 g winterwortel
- 50 g taugé
- sap van 1 limoen
- 2 el zonnebloemolie
- 1 el sesamolie
- 3 el verse koriander, fijngesneden
- 3 el munt, fijngesneden
- 2 dl pindasaus
- 100 g botersla
- kroepoek

- Snijd het vel van de eendenborstfilet kruiselings in en leg de filet met het vel naar beneden in een droge koekenpan. Bak hem op matig vuur in 8-10 minuten mooi bruin. Bak de andere kant 4 minuten. Houd de eendenborst in aluminiumfolie warm.

- Schaaf de wortel in smalle slierten. Leg de taugé in een vergiet en schenk er kokend water over. Laat goed uitlekken en afkoelen.

- Klop in een grote kom het limoensap, de zonnebloemolie en de sesamolie door elkaar. Schep de wortel, taugé, koriander en munt door de dressing. Verhit de pindasaus.

- Verdeel de sla over een schaal en schep de salade erop. Snijd de eend in plakjes en leg ze erop.

- Serveer met de pindasaus en de kroepoek.

Roergebakken grote garnalen in pittige kokossaus

bereiding: 15 min

2 el zonnebloemolie
4 tenen knoflook, in plakjes
1/2 el kerriepoeder
1/2 el sambal badjak
of 1/4 el sambal oelek
750 g grote garnalen
(ontdooid, rauw, gepeld)
4 dl kokosmelk
zout en (versgemalen) peper
2 el peterselie
of koriander, fijngesneden
gekookte rijst
gemengde salade met een
dressing naar keuze

- Verhit de olie in een wok, voeg knoflook, kerrie en sambal toe en laat dit al roerende op laag vuur 2 minuten smoren.

- Draai dan het vuur hoog, voeg de garnalen toe en roerbak ze 2 minuten. Doe de kokosmelk erbij en laat op hoog vuur tot de helft inkoken. Breng op smaak met zout en peper en roer er de peterselie door.

- Serveer de garnalen in pittige saus met rijst en de salade.

Champignonsalade met krieltjes en truffeldressing

bereiding: 15 min

150 g gemengde paddenstoelen
250 g champignons
700 g krieltjes
2 el olie
4 plakjes gekookte achterham, in reepjes
1 tl salie
zout en (versgemalen) peper
1 el citroensap
2 à 3 el truffelolie
75 g rucola

- Maak de paddenstoelen en champignons schoon met keukenpapier en snijd ze in plakjes.

- Doe de krieltjes in een glazen schaal met 2 eetlepels water en plaats die 4 minuten in de magnetron tot de krieltjes gaar zijn. Giet af en laat ze afkoelen.

- Verhit de olie in een koekenpan en roerbak de paddenstoelen met de ham en salie op hoog vuur circa 3 minuten. Voeg naar smaak zout en peper toe.

- Meng de krieltjes met de paddenstoelen, het citroensap en de truffelolie.

- Verdeel de rucola over de borden en schep er de champignonsalade op.

Toetjes

Chocolademousse met mascarpone

bereiding: 10 min

250 ml slagroom
160 g pure chocolade, in stukjes
2 el suiker
150 g mascarpone

- Schenk 4 eetlepels slagroom in een kom en leg de chocolade erin. Zet de kom in de magnetron en verhit 1 minuut op vol vermogen. Roer even door.

- Klop de rest van de slagroom stijf met de suiker.

- Roer de mascarpone zacht met een lepel. Spatel de chocolade door de room en voeg de mascarpone toe.

- Verdeel de mousse over 4 glazen en serveer direct.

Indische spekkoek met ananas en room

bereiding: 10 min

1 blik ananasschijven
30 g boter
3 el suiker
2 dl slagroom
250 g Indische spekkoek

- Laat de ananasschijven uitlekken en halveer ze.

- Verhit de boter in een koekenpan, voeg de suiker toe en bak het geheel tot een lichte karamel ontstaat. Voeg de ananasschijven toe en bak ze krokant.

- Klop de slagroom bijna stijf.

- Snijd de spekkoek in mooie plakjes en leg ze om en om op een bord met de ananas. Geef er een toef slagroom bij.

Meloensalade met citroenijs

bereiding: 5 min

200 g aardbeien
50 g pecannoten
1 bakje meloensalade
4 grote bollen citroenijs

- Was de aardbeien, verwijder het kroontje en snijd ze doormidden.

- Hak de pecannoten grof.

- Meng het fruit met de noten.
Leg een bolletje ijs op elk bord en schep de fruitsalade eromheen.

Kokosflensjes met lychees

bereiding: 10 min

1 blikje lychees
3 el sinaasappellikeur
1 dl kokosmelk
eventueel 1 tl aardappelzetmeel
1 pak gezoete pannenkoeken
2 el geraspt kokos

- Giet de lychees af en vang het sap op. Doe dit samen met de sinaasappellikeur en de kokosmelk in een pannetje en laat het tot de helft inkoken. Bind de saus eventueel met aardappelzetmeel dat is losgeroerd met wat water.

- Verhit de pannenkoeken in de magnetron.

- Giet wat saus over de pannenkoeken en vouw ze in vieren. Leg ze op vier borden en schep de lychees ernaast. Bestrooi met het kokos.

Mascarpone met lange vingers

bereiding: 15 min

1/2 dl espresso
of sterke koffie
2 el koffielikeur
of rum
12 lange vingers
2 eieren
50 g fijne kristalsuiker
250 g mascarpone
cacaopoeder
4 el grof geraspte
of gehakte bittere chocolade

- Meng de koffie met de likeur of rum. Leg de lange vingers naast elkaar in een lage schaal of in 4 eenpersoonsschaaltjes en sprenkel de koffie erover.

- Splits de eieren. Klop de dooiers schuimig met de suiker en klop de mascarpone erdoor.

- Klop de eiwitten stijf en spatel die voorzichtig door het mascarponemengsel. Lepel het mengsel over de lange vingers.

- Bestrooi de tiramisu met cacaopoeder en strooi de chocolade erover.

- Serveer direct of laat het gerecht nog 4 uur opstijven in de koelkast.

Roodfruitsalade met port en anijsroom

bereiding: 15 min

400 g gemengd rood fruit
200 g rode pruimen, in stukjes
3 el port
1 el fijne tafelsuiker
4 el crème fraîche
2 el gestampte muisjes (broodbeleg)

- Schep in een grote schaal het fruit met de port en de suiker voorzichtig door elkaar.

- Klop de crème fraîche op met de gestampte muisjes.

- Verdeel de fruitsalade over 4 glazen en schep de anijsroom erop.

Tip: de salade wordt nog lekkerder wanneer het fruit 1 uur in de port kan marineren.

Register

kookook
Snel
kookook
Soep
kookook
Spanje
kookook
Taart
kookook
Tapas
2e druk
kookook
Vegetarisch
kookook
Vis
2e druk
kookook
Vlees
kookook
Voor 2
2e druk
kookook
Wok
2e druk

Gemak is een uitgave van
Inmerc bv te Wormer
www.inmerc.nl

Eerste druk mei 2009

Recepten en beelden:
Culinaire database Inmerc bv

Aanvullende receptuur en selectie:
Corry Duquesnoy

Aanvullende receptfotografie:
Arjan Smalen

Foodstylist:
Hanneke Boers

Redactie:
Carolien van der Ven

Concept, art direction en productie:
Inmerc bv

ISBN 978 90 6611 509 5
NUR 440